LES FRAIRIES

DE LA PAROISSE D'AVESSAC

PAR

LE Cte RÉGIS DE L'ESTOURBEILLON

Inspecteur de la Société Française d'Archéologie

Ecce quam bonum et quam jucundum habitare fratres in unum.

Qu'il est doux, qu'il est agréable d'être fraternellement réunis. (*Office des SS. Donatien et Rogatien.*)

NANTES

IMPRIMERIE VINCENT FOREST ET ÉMILE GRIMAUD

4, Place du Commerce, 4.

—

1883

LES FRAIRIES

DE LA PAROISSE D'AVESSAC

LES FRAIRIES
DE LA PAROISSE D'AVESSAC

PAR

LE Cte RÉGIS DE L'ESTOURBEILLON

Inspecteur de la Société Française d'Archéologie

Ecce quam bonum et quam jucundum habitare fratres in unum.

Qu'il est doux, qu'il est agréable d'être fraternellement réunis. (*Office des SS. Donatien et Rogatien.*)

NANTES

IMPRIMERIE VINCENT FOREST ET ÉMILE GRIMAUD

4, *Place du Commerce, 4.*

—

1883

AUX HABITANTS D'AVESSAC

MES CHERS COMPATRIOTES,

C'est à vous que je dédie cette petite brochure, comme c'est pour vous qu'elle a été composée. Mon but, en la mettant au jour, est de vous faire connaître les faits principaux de votre histoire, les délimitations et le symbolisme de vos Frairies et enfin la vie de tous les anciens patrons sous l'égide desquels nous avaient placés nos pères.

Puisse la lecture de ces quelques pages produire en vous les fruits que nous en attendons et les résultats que nous en espérons. — Que cette étude du passé soit une leçon pour l'avenir ; qu'elle vous apprenne à aimer de plus en plus votre sol, celui qui vous a vu naître, la Frairie à laquelle vous appartenez ; qu'elle vous enseigne également la fuite du mal, hélas ! si commun de nos jours, et la pratique du bien ; tirez-en la conséquence que l'homme vraiment libre n'est pas seulement celui qui défend ses droits, mais aussi et surtout celui qui accomplit ses devoirs. Puisez-y le respect pour tout ce qui est grand et saint, pour la Religion ; qu'après avoir entendu le récit de l'attachement de vos ancêtres pour le droit et la justice, vous vous fortifiiez dans des idées que nous nous plaisons du reste à constater comme vôtres, à savoir : que vos vrais amis sont et seront toujours ceux que vous êtes habitués à regarder comme tels. Aimez vos prêtres, respectez-les ; continuez à aimer et à respecter aussi ceux en qui vous avez placé votre confiance et qui, vivant au milieu de vous, vous conduiront toujours, n'en doutez pas, dans la voie de la vérité.

Enfin, que la lecture de la vie de vos saints patrons vous excite à les imiter et à marcher sur leurs traces.

Si, de l'œuvre que nous entreprenons de res- taurer aujourd'hui ; si, de la résurrection de vos Frairies, sortent tous ces effets ; si Dieu, bénis- sant nos efforts, est plus honoré parmi vous ; si votre amour pour votre sol natal en est aug- menté, nous croirons avoir rempli la tâche que nous nous sommes proposée et nous nous esti- merons heureux de vous avoir rendu un véri- table service.

Avant de vous faire le récit succinct de la vie de vos saints patrons, laissez-moi vous dire quelques mots sur la question des Frairies.

D'abord, qu'est-ce qu'une Frairie ? *C'est tout*

*simplement une délimitation territoriale,
formant comme une famille, groupée pour
la défense de ses intérêts temporels et religieux.*

Le mot de « Frairie, » qui vous est toujours
resté familier, sans vous bien rendre compte peut-
être de son sens véritable, a pourtant souvent, je
n'en doute pas, éveillé en vous l'idée de « Fra
ternité. » Ah ! ce mot a dû, en effet, bien fré-
quemment vibrer à vos oreilles : « Fraternité !! »
C'est une belle chose que d'être frères ! Cependant de nos jours, avec ceux de Liberté et d'É-
galité, est-il un terme dont on ait plus abusé
depuis un siècle ! Certes, ainsi que je le disais
tout à l'heure, il est bien beau d'être frères,
comme il est beau d'être libres. Mais, com-
prend-on bien la signification de ces mots ?
Dans la pluralité des cas, et surtout chez ceux
qui les préconisent le plus, la liberté comprend
et comprend uniquement, d'après eux : la Liberté
pour *soi*, l'Égalité pour *soi*, la Fraternité pour
soi ; rien pour les autres. En un mot, ces trois
expressions, si belles dans leur origine, puisqu'elles émanent de Dieu, peuvent se résumer
pour eux en une seule : Egoïsme !

Et pourquoi? Mon Dieu, pour une raison bien
simple : c'est que, ne s'appuyant que sur un

principe purement humain, ne se plaçant qu'à un point de vue essentiellement borné, les individus de cette école ne font miroiter aux yeux de leurs adeptes qu'une chose, qui chatouille, il est vrai, fort agréablement l'amour-propre de l'homme : *des droits !*

Nous, au contraire, qui voulons cependant aussi (et nous en avons bien le droit, puisque nous les voulons plus qu'eux et pour tous) vous parler de Liberté, d'Égalité et de Fraternité, mais en partant d'un point opposé, nous ne vous montrerons que vos *devoirs*.

Tout est là ! Ces deux mots : *droits* et *devoirs*, creusent entre les deux théories un abîme insondable que nul ne peut combler : c'est la lutte éternelle du mal contre le bien. Commencée au ciel, avant la création de l'homme, par la révolte de Lucifer et de ses mauvais anges, elle ne se terminera qu'à la fin du monde.

Nous aussi, pourtant, nous voulons être libres, mais devant Dieu ; nous aussi nous voulons être égaux, mais devant Dieu ; nous aussi nous voulons être frères, mais devant Dieu. Dans le langage humain et moderne, deux mots caractérisent à eux seuls les deux principes : *Révolution, Religion !*

Avec la Révolution, la guerre, les discussions,

les discordes, la vie toujours malheureuse et pour soi et pour les autres ; enfin, la mort des réprouvés. Et qu'on ne vienne pas nous dire que nous forçons ici le tableau ; non : il est exact et n'est, hélas ! que la reproduction de l'histoire.

Avec la Religion, au contraire, la paix, la concorde, l'union dans les familles, la vie aussi heureuse qu'elle peut l'être sur la terre, et la mort douce et calme du juste qui, après avoir porté le poids du jour et accompli sa tâche et sa journée, va vers le Père de famille recevoir le salaire qui lui est dû.

Mais nous voilà peut-être un peu loin de notre sujet, emporté que nous avons été dans la voie que nous venions d'ouvrir. Revenons à nos Frairies.

Anciennement donc, presque toutes les paroisses de la Bretagne étaient divisées (comme elles le sont, du reste, encore aujourd'hui) en sections portant alors le nom de Frairies, ou réunions de Frères. Ces agglomérations, ou corporations rurales, si vous voulez, car elles l'étaient bien effectivement, ayant la Religion pour base, étaient placées sous l'égide et la protection d'un saint, sous le vocable duquel se trouvait la chapelle frairienne. C'était en cette chapelle que souvent nos ancêtres, trop éloignés

1.

du centre paroissial, allaient chercher et trouver le remède à leurs peines, triste et inéluctable apanage de notre pauvre humanité. C'était aussi à l'ombre de ce sanctuaire que reposaient leurs corps après leur mort. Chose étonnante ! un souvenir et un nom marquent encore l'emplacement de cet antique champ de repos, et le nom de *paradis* se retrouve très souvent encore pour en rappeler le lieu : idée en même temps grande, naïve et surtout chrétienne, qui nous montre nos pères, dans leur ferme et inébranlable croyance, voyant les âmes de leurs devanciers s'élever au ciel, de la terre où dormaient leurs cendres.

Des messes se disaient dans ces chapelles plusieurs fois dans l'année, et quelques-unes tous les dimanches, ou au moins le jour de la fête patronale du saint protecteur. A l'entour se tenaient aussi de temps en temps des assemblées et des banquets, derniers vestiges, il faut le dire, du druidisme et du paganisme, que la religion chrétienne a fait disparaître. De nos jours, cependant, coutume presque aussi barbare, des foires se tiennent dans l'enclos de l'ancien cimetière frairien, ordinairement planté d'arbres séculaires. Nous en pourrions citer bien des exemples, même dans le pays que nous habitons;

nous n'en rappellerons qu'un seul : celui de la chapelle de Bolhet, en la paroisse de Guenrouët.

Cet usage a quelque chose de peu conforme à l'esprit du christianisme, puisqu'on foule sans respect le terrain où gisent bien certainement plusieurs générations.

Mais en outre de cette organisation purement religieuse des Frairies, il y en avait une, autre que nous ne devons pas non plus passer sous silence. Jusqu'à la Révolution, chaque Frairie avait ses esgailleurs des fouages, et contribuait aux levées et impositions, proportionnellement au nombre de ses habitants. Elle possédait (et possède encore dans certaines paroisses du diocèse de Nantes) un *Bâtonnier* ou *Homme de vertu,* véritable chef de Frairie, qui cumulait souvent ce titre avec celui de marguillier. Au-dessus des chefs de Frairie, il y avait un chef de paroisse.

A eux tous ils composaient le conseil, que nous appellerons paroissial et qui répond à peu de chose près à l'assemblée, nommée alors le Général, corps politique et en même temps religieux, sorte de conseil, mi-partie municipal et de fabrique, chargé de tous les intérêts matériels et religieux de la paroisse. Nommé ordinairement à vie, le bâtonnier ou chef de Frairie, centralisait les ressources de la Frairie et se chargeait de tout ce qui regardait son administration et la défense de ses intérêts. Il pourvoyait sur son territoire à l'érection des croix, aux réparations de puits, de four, de pressoir appartenant aux villages, veillait à l'entretien des chemins et, au nom de la Frairie, s'abouchait avec l'administration, s'il y avait des routes à créer, des communs à vendre, ou toute autre affaire à traiter intéressant ses consorts. Mais si sa gestion était discutable ou soupçonnée, il était révocable et ne tardait pas à être remplacé par un autre. Enfin, si le recteur faisait sa quête dans la paroisse, il choisissait encore pour cette mission un certain nombre d'individus par Frairie, et, s'il y avait des corvées à faire pour l'utilité générale, des délégués à envoyer pour quelque important événement, la Frairie était toujours là, comme une division qui s'impose et sait entretenir entre les diverses parties de la paroisse comme une sainte ardeur, comme une sainte émulation pour le bien.

Mais, de plus, en dehors de ces usages, purement civils, beaucoup d'autres coutumes, dictées par la piété et la charité chrétienne, y sont demeurées jusqu'à nous. Chaque Frairie tient à avoir ses représentants pour porter les bannières, le dais ou les statues des saints aux processions de la paroisse. Le conseil municipal lui-même se compose d'un ou de plusieurs membres de chaque Frairie, afin que chacune d'elle y soit au moins représentée. Les Frairiens se font un devoir de veiller leurs morts, de les porter eux-mêmes au cimetière, à l'exclusion des membres des Frairies voisines, fussent-ils souvent des parents. Des liens de charité et d'amitié unissent entre eux tous les Frairiens qui sont des *confrères*, des *consorts*, et si l'un d'eux vient à être victime de quelque fléau, ses confrères nomment aussitôt deux d'entre eux pour faire une quête en sa faveur dans les Frairies voisines. Ils s'annoncent dans chaque maison, en nommant la victime et la Frairie à laquelle elle appartient.

Enfin, si nous n'avons plus dans nos pays gallo, comme en Basse-Bretagne, des chapelles consacrées à nos patrons frairiens, où l'on vienne, comme par le passé, les honorer dans des « pardons » ou des assemblées annuelles, le souvenir de ces chapelles, nous sommes heureux de le dire, n'a pas du moins complètement disparu. Partout, dans nos campagnes, quand ces oratoires subsistent encore, ils sont le rendez-

vous de tous les Frairiens, qui viennent y chercher souvent force, consolation et courage. Et
quand il n'en reste plus une pierre, quelque
tradition a su heureusement en perpétuer le
souvenir. Il en est de même pour nos patrons
de Frairie ; partout, une croix, un village, un
monticule, un gué, des champs même nous ont
conservé le nom du bienheureux, et, chose re-
marquable, il n'est pas de paroisse, pas de
Frairie où ne se retrouve quelque souvenir du
saint patron ; quelquefois ce nom est, il est
vrai, un peu altéré, mais on le reconnaît néan-
moins facilement, et l'on a peine à s'imaginer
comment nos paysans du XIXe siècle ont gardé,
au milieu de tant de dénominations françaises
ou insignifiantes, le nom de quelque vieux saint
breton, dont ils ignorent bien souvent l'exis-
tence ; mais ces anciens noms bretons, ces alté-
rations mêmes nous sont une nouvelle garantie
de l'antiquité du culte, de la fidélité du souvenir, de la sûreté de la tradition.

Eh bien ! ce sont ces Frairies, ou corporations
rurales, que, dans un but éminemment chrétien,
l'on veut faire revivre aujourd'hui. Dans certaines paroisses du diocèse de Nantes, leur
organisation pratique s'est même en partie con-
servée, et nous pouvons nommer entre autres

Saint-Nicolas-de-Redon, où, naguère encore, chaque Frairie avait sa place désignée et délimitée dans l'ancien cimetière, et où les bâtonniers, ou chefs de Frairie, ont aussi leur nom et leur autorité.

Quoi de plus simple donc que de revenir à cette antique et religieuse constitution de nos pères ! Si l'on veut, allons-y progressivement ; ne faisons pas tout à la fois ; commençons par l'organisation purement religieuse de l'œuvre, et le reste (nomination des chefs de Frairie et de paroisse) viendra ensuite et comme par surcroît.

Puisque dans votre paroisse vous n'avez plus de chapelles frairiennes, que chaque Frairie ait au moins sa bannière portant l'effigie de son saint patron. — Qu'aux grands jours de nos belles fêtes catholiques les étendards frairiens flottent à la suite de la bannière paroissiale.

— Que le jour de la fête patronale de chaque saint de Frairie, une messe solennelle soit dite pour chacune d'elles, réunie autour et sous les plis de sa bannière.

— Que chaque membre, ou au moins la majorité de la Frairie, se fasse, en ce jour, un honneur et un bonheur de s'approcher des sacrements.

Pendant les mois de Marie et d'adoration, des

messes frairiennes pourront encore être célébrées de la même manière.

Le reste, encore une fois, et si Dieu daigne bénir nos efforts, viendra à son heure !

Telle est, dans son ensemble et dans toute sa simplicité pratique, l'œuvre des Frairies ou des corporations rurales, reconstituées sur des bases chrétiennes.

Qu'il y a loin de là à ces assemblées et réunions, tout humaines, dont la Religion est bannie, où l'on ne discute que sur les *droits* de l'homme, au lieu de penser à ses *devoirs*, ainsi que nous le disions en commençant. Ces Frairies ou corporations, ainsi organisées, seraient pour notre pays le prélude et l'aurore de jours calmes et tranquilles. Sous la houlette et l'autorité des pasteurs légitimes, et l'obéissance aux lois de la conscience et du cœur, chaque Frairien pourrait s'appliquer à juste titre et répéter cette parole que nous avons prise pour épigraphe : *Ecce quam bonum et quam jucundum habitare Fratres in unum !* Qu'il est doux, qu'il est agréable d'être fraternellement réunis !

ABRÉGÉ HISTORIQUE DE LA PAROISSE.

La paroisse d'Avessac, qui compte aujourd'hui 3.720 habitants, est située sur une hauteur dominant tout le cours de la Vilaine, et d'où l'œil plonge dans les trois départements du Morbihan, d'Ille-et-Vilaine et de la Loire-Inférieure. C'est une des plus anciennes paroisses du Comté Nantais; elle florissait dès le IXe siècle, lorsque S. Convoyon et ses disciples vinrent fonder dans notre pays le monastère de Saint-Sauveur de Redon. Aussi, à partir de cette époque, est-elle souvent citée dans les chartes du Cartulaire de cette abbaye, à cause de ses fréquents rapports avec les moines. La première charte qui en parle, en date du 5 août 836, a pour objet une donation faite à S. Convoyon et à ses moines par trois habitants d'Avessac nommés Vurbudic, Hingant et Jarncar. Cet exemple fut suivi bientôt, et de nombreuses donations furent successivement faites par les gens d'Avessac aux religieux de Saint-Sauveur de Redon, entre autres par Harscoët de Penhoët, *Princeps plebis Avizac*, chef du pays et du peuple d'Avessac, qui ne dédaigna pas de séjourner lui-même quelque temps au

monastère, au mois d'avril 858, et lui fit entre
autres dons celui d'une villa nommée *Urswalt*
(aujourd'hui *le Veau*), située sur les bords du Don.

Mais vers la fin du IXe siècle, les Normands,
qui ravageaient alors les côtes de France et de
Bretagne, pénétrèrent aussi dans le bassin de la
Vilaine et vinrent y apporter le pillage et l'in-
cendie. Salomon, roi de Bretagne, aidé de son
lieutenant Gurwand, après avoir campé quelque
temps à Avessac d'où il pouvait surveiller tout
le cours de la Rivière, leur infligea bien, au mois
d'octobre 869, une sanglante défaite sur les
landes de Crétumez et sur les coteaux qui por-
tent encore le nom de *Buttes de la Déroute*[1],
mais malgré ses efforts et ceux de Gurwand qui,
pendant trois jours, résista à leur choc dans des
retranchements qu'il avait construits près des
coteaux où se trouvent maintenant Gavresac
et la Hunaudière, ces pirates envahirent bientôt
tout le pays et n'y laissèrent que ruines et déso-
lations.

Après les terreurs de l'an mil où chacun crai-
gnait de voir arriver la fin du monde, et la ces-
sation des incursions barbares, Avessac redevint
prospère et la Foi catholique y refleurit de nou-
veau. Elle y fut grandement favorisée par les

1. Cartulaire de l'abbaye de Redon.

puissantes maisons seigneuriales qui existaient déjà dans la paroisse, et y sont en partie demeurées jusqu'à nos jours. La plus ancienne était la maison de Penhoët dont les premiers membres, si l'on s'en rapporte à la charte de 858 que nous avons citée plus haut, avaient été les chefs attitrés du peuple d'Avessac. Cette seigneurie resta jusqu'au milieu du XVIe siècle entre les mains de la famille de Penhoët, puis de là passa successivement aux familles Le Bel, de Trevelec, Maudet de Penhoët, de Becdelièvre et de l'Estourbeillon qui la possède encore aujourd'hui. Les habitants d'Avessac trouvèrent de tous temps auprès de ces familles aide et assistance au milieu de leurs besoins, et tous se souviennent encore des services de tous genres rendus à la paroisse par feu M. le marquis Joseph-Louis de l'Estourbeillon, chevalier de Saint-Louis, par le *bon défunt père Marquis*, comme ils l'appellent si souvent encore dans leur langage à la fois simple et reconnaissant. Puisse la Providence permettre à son petit-fils d'être utile, lui aussi, à ses compatriotes.

La seigneurie de Penhoët, qui avait droit de haute et basse justice, relevait directement à foy et hommage de la baronnie de Derval et avait comme annexes relevant d'elle les deux petites seigneuries de Renihel et de la Bigotaye. Renihel n'eut jamais d'autres possesseurs que les seigneurs de Penhoët dont elle était un démembrement. — La Bigotaye, au contraire, fut possédée jusqu'au milieu du XVIᵉ siècle par une famille de ce nom dont la dernière héritière, demoiselle Julienne de la Bigotaye, dame de la Grehandaye, veuve de messire François de Castellan, épousa, le 21 février 1667, en la chapelle rurale de Trionbry, noble seigneur Pierre de Reboul, chevalier, seigneur de Sainte-Foy et la Forest-Landry, en Saintonge. Le mariage fut célébré par messire François Bourget, prêtre, résidant à la maison noble de Renihel. Après la Révolution, la Bigotaye fut, par suite d'acquêt, réunie à la terre de Penhoët.

Les seigneuries du Pordor et de la Châtaigneraye figurèrent aussi sans contredit parmi les plus importantes de ce pays. Le Pordor que nous trouvons cité dès le commencement du XIIIᵉ siècle, paraît avoir remplacé un château féodal de grande importance qui existait avant lui sur un coteau voisin du lieu où se trouve de nos jours la ferme de la Haye, autrefois terre noble et appartenant, aux XVᵉ et XVIᵉ siècles, aux familles de Couëssin et de Lesnerac. Il était possédé alors par Pierre de Luzanger, juveigneur de Derval. Mais bientôt cette maison se fondit dans celle de Saint-Gilles, et le Pordor passa ensuite successivement aux familles de Théhillac, Le Breton de Villandry, de Durfort de Lorges, de Mauger, Sallentin et de Goulaine.

La Châteigneraye appartint à l'origine à un juveigneur de la puissante maison de la Châteigneraye, en Poitou. Cette seigneurie passa ensuite aux familles Butault de Marzan et Le Breton de Villandry, seigneur du Pordor, qui la réunirent à cette dernière terre.

Le Pordor et la Châteigneraye qui relevaient de la seigneurie de Fresnaye en Plessé, avaient droit de haute et basse justice et de nombreuses prérogatives. — Pendant les guerres de religion du XVIe siècle, le manoir de la Châteigneraye joua un rôle important, grâce à ses seigneurs qui étaient alors zélés protestants. Plus d'une fois, ses souterrains servirent de refuge à des religionnaires. Mais avec la famille Butault de Marzan, le catholicisme rentra à la Châteigneraye et les divisions cessèrent dans la paroisse.

Enfin nous devons mentionner aussi les trois petites seigneuries de Treignac, du Saut au Chevreuil et d'Escarret.

Treignac, anciennement Ty-ru-niac, *le Champ de la Maison-Rouge*, appartint successivement aux familles du Tay, de Kersal, et de Blancfossé, puis fut réunie au Pordor par acquisition de la famille Le Breton de Villandry, au commencement du XVIIe siècle.

Le Saut-au-Chevreuil fut successivement aux familles De Sorin et Michiels de Carmoy. De nos jours, cette terre appartient à Mme veuve de Lautrec, née Nicolazo de Barmon.

Le petit fief d'Escarret ne fut à l'origine qu'un démembrement de la seigneurie de Treguel, en Guémené-Penfao. Ses posseseurs furent les familles Rouaud de Treguel et Bodiguel de Beaulieu ; mais nous ne devons pas oublier qu'au XVe siècle, noble homme Pierre Rouaud d'Escarret, enfant de la paroisse d'Avessac, eut l'honneur de devenir secrétaire et confident du duc de Bretagne.

Que si nous examinons maintenant l'histoire de la paroisse, au point de vue purement religieux et ecclésiastique, nous remarquerons tout d'abord qu'elle était jadis beaucoup plus étendue que de nos jours, et comprenait, outre son territoire actuel tout celui de son ancienne trêve de Saint-Nicolas, dont la population se groupa de bonne heure, de préférence autour de son prieuré. Mais cette trêve formant une agglomération suffisante, fut détachée d'Avessac après la Révolution, et nous n'avons pas à nous en occuper ici. La paroisse d'Avessac qui existait, comme nous l'avons déjà dit, dès le IXe siècle, sous le patronage de saint Pierre et de saint Paul, vit plusieurs fois reconstruire son église ; celle qui existait à l'époque de la Révolution avait la forme d'une croix latine et était munie d'un seul bas côté avec une tour carrée assez gracieuse du XIVe siècle. A l'intérieur se trouvaient six autels dédiés à Notre-Dame, à sainte Anne, saint Joseph, saint Jean, saint Antoine et saint Sébastien. Elle fut remplacée, vers 1840, par l'église actuelle. — De tous temps, les recteurs d'Avessac s'efforcèrent de conserver ou d'entretenir pour leurs paroissiens un sanctuaire convenable et digne de la majesté du Dieu de l'Eucharistie. — Parmi les plus zélés pasteurs qui gouvernèrent jadis la paroisse, l'on doit tout spécialement conserver et chérir la mémoire des prêtres Maëncomin et Ricoglin, souvent cités dans le cartulaire de Redon, et qui la gouvernaient, le premier en 843, le second vers l'an 860 ; de messire Miche Dubois qui, au XVe siècle, après de nombreuses calamités et épidémies qui avaient ravagé la paroisse, fit reconstruire à ses frais une partie de l'église et y établit plusieurs fondations et

pieux exercices ; de messire Anthoine du Pon-
ceau, protonotaire apostolique et prieur de
Macérac, qui se prodigua au secours des malades pendant la peste qui désola Avessac,
durant les années 1639-1641, et établit un pèlerinage annuel de la paroisse à Saint-Sébastien-
d'Aigné ; enfin de messire Jean Le Douarain de
la Touraille, la providence des pauvres pendant
les cruels hivers de 1709-1713.

En dehors de l'église paroissiale, Avessac
renfermait encore le couvent de Penfaô, fondé
par les moines de Redon, au IXe siècle près d'une
petite chapelle dédiée alors à S. Samson, et le
Prieuré de filles d'Estival, sous le patronage de
saint Eutrope, relevant de l'abbaye de Saint-
Sulpice de Rennes.

Il existait aussi des chapelles privées à Penhoët, Escarret, la Châteigneraie, le Pordor et
Renihel ; une seule chapelle rurale : Trioubry.
Cette dernière, autrefois dédiée à saint Gilles,
avait été fondée par les Templiers ou moines
rouges ; puis, vers le XIVe siècle, elle devint une
léproserie sous le patronage de saint Méen.
Abandonnée en 1832, il n'en reste plus que des
ruines. Au bas de la colline sur laquelle elle
était bâtie, se trouve une source nommée la
Fontaine de Saint-Méen encore en grande

vénération dans le pays et où l'on va en pèlerinage pour être guéri de la fièvre et des maladies des yeux.

Mais outre ces oratoires, chacune de nos an-
tiques Frairies, qui étaient au nombre de *douze*
dans la paroisse d'Avessac, avait autrefois sa
chapelle frairienne, sanctuaires bénis, refuges
de leur saint patron, de leur protecteur, où
tous les frairiens pouvaient venir chercher avec
confiance des consolations dans leurs peines et
des secours efficaces dans tous leurs besoins.
Ce sont ces nobles institutions frairiennes que
nous voudrions faire revivre, dont nous aime-
rions à ressusciter les si touchants souvenirs et
que nous devons essayer de faire connaître
maintenant.

FRAIRIES D'AVESSAC.

FRAIRIE DU BOURG.

CIRCONSCRIPTION FRAIRIENNE.

Avessac.	La Bergerie.
Le Calvaire.	Penanru (Pain-Hojus).
Le Ponceau.	La Lombardière.
Le Clos.	Guevélio.
Bellevue.	Le Saut au Chevreuil.
La Prise.	La ferme de Potel.
Le Broux.	Le Pordor.
* La Communais.	La Mercerais.

Patrons : *S. Pierre et S. Paul.*

FÊTE : 29 JUIN.

Les patrons de la Frairie du Bourg d'Avessac qui a servi de noyau à la paroisse, ont, de tous temps, été S. Pierre et S. Paul. — Seulement la chapelle frairienne était en dehors du bourg et se trouvait à la Communais. Nous n'entreprendrons pas ici de raconter la vie de S. Pierre et S. Paul dont tout chrétien doit savoir les principaux faits. Chacun sait que S. Pierre, *le prince des apôtres,* fut le premier et le plus grand des disciples de Notre-Seigneur Jésus-Christ et après lui le fondateur de l'Église catholique. Il fut martyrisé en l'an 65 sous l'empereur Néron.

S. Paul, d'abord païen, se convertit miraculeusement sur le chemin de Damas et après une vie des plus fécondes, surtout par son apostolat, il fut lui aussi martyrisé à Rome sous Néron, en l'an 65 de notre ère.

PRIÈRE.

O mon Sauveur Jésus, par les mérites et l'intercession des bienheureux apôtres S. Pierre et S. Paul, répandez sur moi l'abondance de vos grâces et de vos biens spirituels, accordez-moi la patience et la consolation et faites que vivant ici-bas dans la justice et la piété, je puisse, après les misères de cette vie, arriver heureusement un jour aux joies de votre beau ciel. Ainsi soit-il.

Frairie de la Haye.

CIRCONSCRIPTION FRAIRIENNE.

La Haye.
Le Passage.
Rozrion.
La Grée des Rivières.
La Vallée des Rivières.
La Fichetais.
Penfaö.
Le Terrier.

Patron : *S. Riowen.*

FÊTE : 14 AOUT.

La Frairie de la Haye, une des plus anciennes de la paroisse d'Avessac, puisqu'elle tire son nom de l'ancien château féodal de la Haye, a pour patron S. Riowen, moine de l'abbaye de Redon au IXe siècle. L'ancienne chapelle frairienne était près de la ferme actuelle de ce nom et ses ruines subsistent encore en partie. Quant au souvenir de son saint patron, la Frairie l'a conservé encore de nos jours dans plusieurs de ses dénominations locales. Un champ appelé : *le domaine de Saint-Riowen* (matrice cadastrale, section B, n° 1593) et le nom même du village actuel de Rozrion, qui veut dire le *Tertre de Saint-Rion ou Riowen*, nous sont un témoignage de l'apostolat du saint dans cette frairie.

Moine du monastère de Saint-Sauveur, dès l'an 837, S. Riowen, dit la légende, s'y fit remarquer de bonne heure par son austérité et ses vertus. Sa sainteté et sa justice lui méritèrent, de la part de ses supérieurs, une confiance presque absolue, et plusieurs fois, nous racontent les chartes du cartulaire, il fut chargé de négociations difficiles, ou désigné comme mandataire du monastère pour recevoir les dons qui lui étaient faits. Mais c'est surtout dans l'apostolat que se manifestèrent son zèle, son humilité et sa charité sans bornes. — Chaque jour, en portant dans nos pays la parole évangélique, il n'avait pas de plus grand bonheur, après les fatigues de prédications incessantes, que de partager son maigre repas avec les pauvres des chaumières, et avec une humilité parfaite il s'était fait de lui-même le médecin de tous les malheureux. Aussi Dieu récompensa-t-il tant de vertus par le don des miracles, et un jour, dit la légende, que, pendant ses prédications, les eaux de la Vilaine, grossies par la tempête, avaient emporté sa petite barque, en rompant leurs digues, on le vit, après une courte prière, s'avancer sans crainte vers les flots et, marchant sur les eaux à pied sec, gagner la rive pour retourner à son monastère de Redon.

Les territoires de Bains et d'Avessac furent les principaux théâtres de ses prédications; dans tous les cas, lui-même était sans nul doute originaire de nos pays et très probablement né à Avessac, où les chartes nous le montrent sans cesse et qu'il affectionnait tout particulièrement. — Aussi, en conservant jusqu'à nos jours son nom dans leurs dénominations locales, les frairiens de la Haye témoignent ainsi leur reconnaissance envers un compatriote et envers un grand saint.

Saint Riowen est honoré de nos jours à Plobazlanec, Plouezec et Plourivo où des chapelles lui ont été consacrées.

2.

On le représente ordinairement en moine à longue barbe grise, la tête recouverte du capuce, le corps ceint d'un cilice, tenant une crosse à la main et marchant sur les flots.

PRIÈRE

O mon Sauveur Jésus, par les mérites et l'intercession du bienheureux saint Riowen, auquel, comme jadis à saint Pierre, vous permîtes de marcher sur les flots agités, préservez-nous des fléaux qui nous menacent et des tempêtes de tous genres auxquelles nous sommes exposés chaque jour. Faites-nous marcher sans crainte au milieu des orages du monde et des rafales de nos passions, avec notre seule croix pour guide et vos préceptes pour étendards. Préservez-nous de vous offenser à l'avenir ; inspirez-nous toutes les ardeurs d'une charité sans bornes et d'un amour infini de votre nom. Faites-nous connaître enfin votre bonté divine et les consolations de vos anges jusqu'au jour de l'éternelle vie où nous souhaitons d'aller. Amen.

Frairie de Lezin.

CIRCONSCRIPTION FRAIRIENNE.

Potel.	Lezin.
La Dibarais.	Montplaisir.
La Créplais.	Gatepouy.
Bouix.	La Haute-Fitière.
Couëssin.	La Basse-Fitière.
La Salle.	La Déroute.

Patron : *S. Bily.*

FÊTE : 23 JUIN.

Le souvenir de saint Bily, patron de la Frairie de Lezin subsiste encore dans la dénomination des champs nommés : *La Cour Bily*, entre Bouix et la Salle. C'est à Bouix que se trouvait l'ancienne chapelle de la Frairie. — Au mois d'octobre 913, le comte Mathuedoï donna à saint Bily, alors évêque de Vannes, le domaine de Bouix (*de Boiat*, en Avessac [1]). Il n'est donc point étonnant que les frairiens de Lezin aient dans la suite choisi pour patron, le saint évêque qui de son vivant avait possédé une partie de leur territoire.

Par malheur, on ne sait que fort peu de choses sur la vie et les actes de saint Bily. Tout ce que l'on connaît, c'est qu'il fut le 43e évêque qui occupa le siège de Vannes. De son vivant il

1. Cartulaire de l'abbaye de Redon.

fonda le prieuré de Saint-Bily, en la paroisse de Plaudren, et fit l'édification de tous par sa charité et ses vertus. Il mourut dans les premières années du Xe siècle, martyrisé par les Normands.

PRIÈRE

Par les mérites et l'intercession du bienheureux saint Bily, délivrez-nous, Seigneur, de toutes les peines que nous souffrons ici-bas. — C'est près de vous, ô mon Jésus, que je viens me réfugier. Vous êtes ma consolation, mon appui, mon modèle et ma force ; ayez pitié de votre pauvre serviteur et guidez-le toujours vous-même dans la route de l'éternelle vie Amen.

Frairie de Rolland.

CIRCONSCRIPTION FRAIRIENNE.

Murin.	Le Château-des-Ronces
Bas-Rolland.	Bareil.
Haut-Rolland.	La Sicardais.
La Grée-du-Val.	La Rousserie.
Le Val.	Gland.
Les Bougouins.	Castonnez.

Patron : S. Cast, martyr, VIe siècle.

FÊTE : 5 JUILLET.

La Frairie de Rolland qui a par son territoire la forme d'un coin planté entre les Frairies de

Lezin et de Penhoët, avait autrefois pour patron :
saint Cast, évêque régionnaire et martyr. Située
presque à l'extrémité de la Frairie, sa chapelle
frairienne, une des plus anciennes d'Avessac,
était placée presque sur le bord de l'ancien
grand chemin de Guémené et Plessé, vers Macérac, par le Pont-ès-Dames et le Port-de-
Rolland, près du village actuel de Castonnez
(en breton : *Cast-hon-enez, le promontoire,
la butte de Saint-Cast*) dont le nom rappelle
encore son souvenir. — On ne saurait dire au
juste vers quelle époque la chapelle de Saint-
Cast cessa d'être *chapelle frairienne*, mais ce
qu'il y a de certain, c'est que, vers le XIVe siècle
grâce à sa situation sur le bord d'une des
grandes routes d'Avessac, elle devint une ma-
ladrerie pour les pauvres et les infirmes de passage. Le nom de *Melleresses*, conservé aux
champs qui l'entouraient, nous est encore une
preuve de cette affectation. — Ses derniers
vestiges disparurent après la Révolution, mais
dans la paroisse, de nos jours encore, plus d'une
légende existe à son sujet. — Quant à saint
Cast, patron de la Frairie, on ne connaît sur sa
vie, malheureusement que fort peu de détails.—
Né en Irlande, vers la fin du Ve siècle, ou le
commencement du VIe, il fut de bonne heure,

disciple de saint Jagu, qu'il seconda beaucoup dans ses travaux d'évangélisation de la Bretagne. Après la mort de ce grand saint, il se rendit au tombeau des saints Apôtres, pour y faire un pèlerinage. Mais le Pape admirant sa sagesse et ses vertus en même temps que sa profonde humilité, voulut le retenir en Italie, et le créa évêque d'une des villes de ce pays.

Cependant il n'occupa pas longtemps son siège épiscopal et fut martyrisé quelques années après.

Saint Cast, qui est aussi patron d'une paroisse de ce nom au diocèse de Saint-Brieuc, est invoqué souvent en Bretagne pour la guérison des yeux et dans les tentations contre la foi.

On le représente d'ordinaire : en pontife crossé, mitré, et la palme du martyr à la main.

PRIÈRE.

Bon pasteur Jésus, par les mérites et l'intercession de saint Cast, qui répandait généreusement son sang pour votre gloire, défendez-moi en ce jour de tout mal, de tout vice, de tout péché mortel et de toutes passions, angoisses et tribulations. Ainsi soit-il.

Frairie de Penhoët.

CIRCONSCRIPTION FRAIRIENNE.

La Cassière.
Les Patys.
Le Haut-Gland.
Penhoët.
La Chauvinais.
La Touche.
La Tournée.
Haut-Renihel.
Bas-Renihel.

La Testionnais.
La Bigotaye.
Bas-Rambalay.
Haut-Rambalay.
La Nouette.
Saint-Yves.
Bellisle.
La Caroline.
Saint-Amand.

Patron : *S. Walay, moine.*

FÊTE : 12 JUILLET.

Le patron de la Frairie de Penhoët, située à l'une des extrémités de la paroisse d'Avessac, était saint Walay ou Balay, moine de l'abbaye de Landévennec au VIe siècle. Son souvenir s'est conservé dans la Frairie, par la dénomination du village de Rambalay, dont le nom signifie en breton : *le domaine ou le territoire de saint Balay ou Walay.* La chapelle frairienne était jadis située près du village, près de roches énormes qui subsistent encore, dans l'emplacement nommé le *Clos Coëtrheul* (en breton : *Le Bois-du-Soleil*) et qui pourraient fort bien être les débris d'un ancien tumulus ou tombeau payen.

Saint Walay, avant de se faire moine, était un des plus puissants seigneurs de Cornouaille; mais préférant la certitude d'une éternité bienheureuse aux richesses et aux vanités de ce monde, il donna tout son bien aux pauvres et aux églises et alla se ranger sous la houlette de saint Guennolé, abbé de Landévennec dont il devint l'un des plus chers disciples. Cependant malgré ses austérités et ses jeûnes dans le monastère, malgré ses prières continuelles, bientôt il voulut grandir encore davantage devant le Seigneur, en perfections et en mérites, et avec la permission de son abbé, il se retira dans une profonde solitude nommée Ploërmellac, près de la paroisse du Faou, aujourd'hui chef-lieu de canton du Finistère, et y mourut saintement vers le milieu du VIe siècle.

Près du monastère de Landévennec, existait autrefois une chapelle qui portait son nom, mais lors des invasions des Normands, son corps qui était précieusement conservé fut transporté à Montreuil-sur-Mer, en Picardie. — Il est encore patron des paroisses de Lanvalay et de Ploubalay, qui faisaient partie de l'ancien diocèse de Saint-Malo ; ainsi que d'une chapelle qui lui est dédiée près de Châteaulin.

On le représente souvent, en moine à longue

barbe grise, assis à l'entrée d'une grotte dans des rochers, ayant près de lui une tête de mort et un livre, et méditant.

PRIÈRE.

O bon et très doux Jésus, je me prosterne à vos genoux, je vous prie et vous conjure avec toute la ferveur de mon âme, par les mérites et l'intercession du bienheureux saint Walay, qui foula aux pieds toutes les vanités du monde pour ne songer et ne s'attacher qu'à vous, de daigner graver dans mon âme de vifs sentiments de foi, de charité, d'espérance et surtout un vrai et sincère repentir de mes fautes. Faites que j'aie toujours bien présente à l'esprit l'idée de votre éternité et de vos jugements suprêmes, afin que j'y arrive sans crainte et puisse goûter toutes les joies de votre ciel. Amen.

Frairie de Linsac.

CIRCONSCRIPTION FRAIRIENNE.

La Boëssière.	Le Houssais.
La Marotais.	Le Chien-Hanné.
Linsac.	La Triardais.
Le Pont.	La Sencerie.
Les Patys.	La Bodinière.
Rohouan.	Kermagouër.
La Rochelle.	Le Moulin-Neuf.

Patron : *S. Germain,* évêque d'Auxerre.

FÊTE : 26 JUILLET.

La Frairie de Linsac est une des frairies de la paroisse d'Avessac qui eut dès l'origine sa chapelle frairienne. Dédiée à S. Germain, évêque d'Auxerre, elle était située dans le domaine de la Chesnaye-Boëssel, appelé maintenant *Les Ragasses,* près la Vieille-Boëssière. — Mais elle fut abandonnée au commencement du 17e siècle et en 1689 ; lors de la réformation générale des Domaines, elle était déjà complètement en ruines [1]. — Cependant les frairiens de Linsac n'avaient point pour cela abandonné le culte de S. Germain et la chapelle frairienne avait été transférée à Rohouan, le principal village de la frairie, où tout le monde se souvient encore de la *Chapellenie de Rohouan.*

S. Germain naquit à Auxerre, vers l'an 380, de parents distingués par leur noblesse. Après avoir fait ses premières études dans les Gaules, il alla étudier à Rome où il fit bientôt les plus grands progrès. Son mérite l'ayant fait connaître à l'empereur Honorius, il fut élevé par ce prince à de grandes dignités et même nommé

---

1. Arch. départementales, papier terrier de 1689.

général des troupes de sa province. S'étant alors marié avec une femme de grande qualité nommée Eustachia, il revint à Auxerre pour y exercer ses fonctions. Là, bien qu'il n'eût pas à vrai dire une mauvaise conduite, toute sa religion se bornait à observer ce que dictent les principes de l'honnêteté naturelle, et ses vertus étaient purement humaines. Mais bientôt S. Amateur, alors évêque d'Auxerre, ayant été averti en songe que Germain devait lui succéder, il le fit venir un jour dans l'église, se saisit de Germain qui n'osa faire de résistance et le revêtit aussitôt de l'habit ecclésiastique. S. Amateur étant mort peu de temps après, le 1er mai 468, tous les vœux du clergé et du peuple désignèrent immédiatement Germain, qui fut sacré évêque d'Auxerre, le 7 juillet suivant. Mais après son sacre, S. Germain ne fut plus le même homme, il renonça de suite aux vanités du monde, distribua tous ses biens aux pauvres et aux Eglises, et se livra aux plus rudes austérités. Ne mangeant que du pain d'orge, mêlé parfois d'un peu de cendre, jamais il ne prenait son repas que le soir et souvent même ne mangeait qu'une fois ou tout au plus deux par semaine. — Son vêtement était le même en hiver qu'en été, et il ne le quittait que lorsqu'il tombait en lambeaux. Toujours revêtu du cilice, il ne dormait jamais que sur des planches couvertes de cendres. — Exerçant envers tout le monde la plus large et la plus généreuse hospitalité, il aimait à laver souvent les pieds des mendiants et des pauvres, et à les servir à table de ses propres mains, lui étant à jeun.

Les hérésies de Pélage s'étant répandues en Grande-Bretagne, le Pape désigna S. Germain d'Auxerre pour aller au secours des Bretons, et lui donna le titre de vicaire apostolique en 429. Les évêques lui ayant adjoint S. Loup, évêque de Troyes, ces deux saints prélats partirent immédiatement pour la Grande Bretagne, où le bruit de leur sainteté et de leur doctrine s'était déjà répandu dans tous le pays. Là les plus grands succès ne tardèrent pas à couronner leurs travaux, ils confirmèrent sans peine les catholiques dans leur foi et convertirent bientôt tous ceux qui s'étaient laissés aller aux erreurs de l'hérésie pélagienne, surtout à la suite d'une grande conférence organisée par eux à Vérulam, en 437, où ils réfutèrent complètement ces erreurs. — Après avoir accompli un grand nombre de miracles, notamment après avoir rendu la vue à la petite fille d'un tribun, âgée de dix ans, S. Germain et son compagnon eurent encore le mérite de délivrer les Bretons des Saxons et des Pictes qui étaient venus ravager leur territoire, et retournèrent ensuite en France emportant les regrets et les bénédictions de toute la nation bretonne.

Arrivé à Auxerre, S. Germain s'appliqua à la réforme des mœurs qui avaient fort périclité pendant son absence, et obtint du préfet des Gaules la diminution des impôts qui écrasaient ses diocésains.

Cependant les partisans de Pélage ayant recommencé à semer leurs erreurs en Grande-Bretagne, S. Germain y fut rappelé en 446. Secondé par Sévère, archevêque de Trèves et disciple de S. Loup, il regagna bientôt tous les fidèles à la foi catholique et s'appliqua aussitôt à la fondation d'écoles publiques grâce auxquelles le clergé ayant dès lors le moyen de s'instruire, les églises conservèrent depuis une grande pureté de foi et ne tombèrent plus dans l'hérésie. — C'est de ces écoles, dirigées d'abord par S. Iltud et S. Dubrice, et qui comptèrent jusqu'à mille étudiants, que sortirent un grand nombre de saints. Ce fut là qu'étudièrent : S. Davy et S. Thélo ou Dolay, abbé de Landaff, S. Gildas, S. Samson, S. Malo et S. Paul de Léon, S. Magloire et S. Daniel, évêque de Bangor. — Après tant d'actions mémorables, S. Germain, de retour en France, se rendit à Ravenne, à la cour de l'empereur Valentinien III, pour demander la grâce des Bretons d'Armorique qui s'étaient révoltés. Mais là, après de nombreux miracles accomplis en quelques semaines, entre autres la résurrection du fils de Volusien, secrétaire du Patrice Sigisvult, il tomba malade et mourut à Ravenne, le 31 juillet 448, après trente ans d'épiscopat.

L'impératrice Placidie, mère de Valentinien III, qui, sur sa demande, le lui avait promis, fit solennellement transporter son corps à Auxerre, après avoir gardé précieusement, toutefois, le reliquaire qu'il portait toujours sur lui. Sa dépouille mortelle y arriva cinquante jours après son décès et fut déposée dans l'oratoire de S. Maurice qu'il avait lui-même fondé et qui devint plus tard une célèbre abbaye de bénédictins connue sous le nom de S. Germain-d'Auxerre.

S. Germain est patron d'un très grand nombre d'églises en France et même en Angleterre.

PRIÈRE.

O mon Sauveur Jésus, par les mérites et l'intercession du bieuheureux S. Germain qui vainquit glorieusement l'hérésie pélagienne et fut autrefois, avec tant de zèle, de science et d'humilité, l'un des premiers et des principaux éducateurs de la jeunesse bretonne, penchez-vous, nous vous en prions, sur les cœurs de tous vos serviteurs et principalement des jeunes gens. Inspirez-leur le respect de votre nom, qu'ils se laissent toujours diriger et conduire par l'Esprit-Saint dont ils ont reçu la vertu dans les eaux de leur baptême, afin qu'ils connaissent bien votre divinité, votre loi et vos commandements, qu'ils en fassent leur unique règle de conduite et qu'ils vous servent par leur obéissance et leur foi, ici-bas pour un temps, et dans votre ciel pour l'éternité. — Amen.

Frairie de Thillic.

CIRCONSCRIPTION FRAIRIENNE.

La Ville-en-Bois.	La Savineterie.
La-Ganetais.	Le Bigorlais.
La Jaunaie.	La Grange.
Le Perray.	Le Closet.
Le Coudray.	La Gendrerie.
La Cabane.	Le Haut-Thillic.
La Faucheterie.	Bas-Thillic.
La Praudrie.	L'Estourbillonnaye.
Escarret.	Les Crouillaux.

Patron : *S. Julien, l'hospitalier.*

FÊTE : 9 JANVIER.

Le village de Thillie, chef-lieu de cette Frairie, et dont le nom signifie en breton : *le Champ des Ormeaux*, est un des plus anciens de la paroisse d'Avessac. — L'oratoire ou le lieu de réunion des frairiens, était situé à l'une des extrémités de la Frairie, sur le bord de l'ancien grand-chemin de Guémené et Plessé, vers le Port-de-Rolland, à l'endroit nommé de nos jours encore *la Croix dom Julien ou de Saint-Julien.*

S. Julien qui vivait en Egypte à la fin du IIIᵉ siècle et au commencement du IVᵉ, avec sa femme Basilice, s'était engagé avec elle, au jour même de son mariage, à vivre perpétuellement dans la continence. Dieu seul étant l'objet de toutes leurs pensées, ils s'astreignirent dès lors à toutes les duretés de la vie la plus austère. Consacrant tous leurs revenus au soulagement des pauvres et des malades, ils firent de leur maison un véritable hôpital, et s'appliquaient surtout à donner l'hospitalité aux pauvres et aux infirmes abandonnés sur les grands chemins. Après une vie toute d'humilité et de dévouement, Ste Basilice mourut en paix, non pas toutefois sans avoir auparavant essuyé de rudes persécutions. S. Julien lui survécut plusieurs années, et reçut enfin la couronne du martyre le 6 janvier 313, avec plusieurs autres chrétiens, sous l'empereur Maximin II.

Partout, au moyen âge, des églises et des hôpitaux furent bâtis sous l'invocation de sainte Basilice et de S. Julien, qui est patron des voyageurs et des passagers. — On dit que le crâne de S. Julien fut apporté d'orient à Paris, du temps de S. Grégoire le Grand, et donné à la reine Brunehaut qui en fit don aux religieuses qu'elle avait établies près d'Étampes.

On représente d'ordinaire S. Julien en robe de bure, serrée à la ceinture par une corde, tête nue et soignant un malade sur le bord d'un chemin ; ou bien encore, sur le seuil d'un hôpital, tendant les bras à un mendiant qui arrive.

PRIÈRE.

O mon divin Jésus, par les mérites et l'intercession du bienheureux S. Julien et de la bienheureuse Ste Basilice, veillez toujours sur moi. C'est près de vous que je veux me réfugier. Vous êtes mon appui et mon conseil, mon modèle et ma force. Comme autrefois, S. Julien, les pauvres et les infirmes, les malades et les voyageurs, guidez-moi vous-même dans la route que je dois suivre, afin que je marche sûrement dans la voie de la béatitude éternelle. Ainsi soit-il.

Frairie de Sutz.

CIRCONSCRIPTION FRAIRIENNE.

Le Petit-Melay.
Gohmen.
Le Pertus noir.
Estival.
La Riffonnais.
Le Parc-au-Cerf.
Sutz.

La Noë.
Le Houssays.
La Guichardière.
La Guérinais.
Le Moulinet.
Le Grand-Melay.
Cozthéas.

Patronne : *Sainte Urielle, vierge.*

FÊTE : 1er OCTOBRE.

Le souvenir de Ste Urielle, patronne de la Frairie de Sutz, s'est conservé jusqu'à nos jours dans le nom de la *lande Sainte-Urielle* (Cadastre section P. — Nᵒˢ 1-26), située assez près de l'antique village de Gohmen dont le nom signifie, en breton: *la Vieille Pierre, Goh-men,* probablement à cause de sa construction jadis, près d'un ancien monument druidique. C'est sans doute sur cette lande que devait exister autrefois l'oratoire de la Frairie.

On ne sait par malheur que fort peu de détails

sur la vie de Ste Urielle. Fille du roi Hoël III et
de la princesse Pritelle, elle était, ainsi que sa
sœur Onenne, sœur du roi S. Judicaël, du roi
Salomon II et du bienheureux S. Judoce. Mais,
préférant la pauvreté et l'humilité aux honneurs
de la cour, elle se retira de bonne heure dans la
solitude, en une petite cellule qu'elle s'était fait
construire au sommet d'un petit coteau, en la
paroisse de Trehoranteuc, au diocèse de Vannes.
Après une vie toute de sainteté, de vertus et
d'humilité, elle mourut dans la paix du Seigneur,
dans les premières années du VIIe siècle. Après
sa mort, elle fut en grand honneur et vénération
à Trehoranteuc, dans l'église duquel se trouvait
son tombeau, ainsi qu'une fontaine qui portait
son nom et où l'on va, par dévotion, en pèlerinage, se laver les yeux pour en obtenir la
guérison. — Une paroisse de l'ancien diocèse
de Dol, située près de la commune actuelle
de Trédias (Côtes-du-Nord), à laquelle elle a été
réunie, portait aussi son nom et lui était consa-
crée. Enfin, elle était invoquée avec confiance
dans plusieurs régions de la Bretagne. Près de
l'ancienne paroisse de Sainte Urielle existe encore
un chemin nommé *Ruelle des sept Saints*, par
où, dit la tradition, passaient ses frères pour
aller la visiter.

On la représente d'ordinaire en simple costume de religieuse, tenant un livre ouvert dans la main gauche et méditant.

PRIÈRE.

O Seigneur Jésus, si la pauvreté est la reine des vertus, c'est que vous-même, quittant le séjour des anges, vous êtes descendu sur la terre pour vous la fiancer par un amour éternel. Aussi, par les vertus et l'intercession de la bienheureuse Ste Urielle qui préféra la pauvreté à tout autre bien, faites-nous-la donc chérir et aimer à jamais. O Dieu, le père des pauvres et le vrai refuge des affligés, jetez les yeux sur tous ceux qui ont soif de votre justice et de votre amour, et puissions-nous aussi connaître vos célestes consolations en tous les jours de notre vie et surtout à l'heure de notre mort. Amen.

Frairie de Gavresac.

CIRCONSCRIPTION FRAIRIENNE.

La Vallée-des-Bois.	La Ville-en-Pierre.
Gavresac.	Monchoix.
La Hunaudière.	Le Peray-Julienne.
Les Bilais.	Séreignac.
Les Pins.	La Rouaudais.
Le Moulin de la Châteigneraie	Les Boulais.

Patron : *S. Martin d'Armorique.*

FÊTE : 16 FÉVRIER.

Sur l'un des plus riants coteaux de la paroisse d'Avessac, subsiste encore de nos jours une vieille croix en granit, du XIIIᵉ siècle, qui par son appellation de *Croix de Dom Martin* ou de *Saint-Martin,* conserve encore, dans la Frairie de Gavresac, le souvenir de son saint patron. Au bas de ce tertre, une passerelle jetée sur le ruisseau du Gué-Hamon, nommé autrefois l'*Ihel,* porte encore le nom de : *Pont-Trelan* ou *Treflan, le Pont de la butte de la Chapelle,* et nous indique ainsi avec certitude que c'était bien sur la butte de la *Croix de Dom Martin* qu'existait jadis la chapelle ou le lieu de réunion des Frairiens de Gavresac.

De plus, il n'est pas sans importance de faire ici un pieux et touchant rapprochement. Les deux Frairies de Gavresac et de Penhoët se joignent de ce côté et sont absolument voisines. La Frairie de Penhoët ayant pris pour patron, au VIᵉ siècle, S. Walay, moine de Landévennec, qui s'était retiré dans la solitude avec S. Martin d'Armorique, son ami dévoué, qui n'avait pas voulu se séparer de lui, les frairiens de Gavresac voulurent suivre un si noble exemple, et pour mieux sceller l'union existant entre eux et leurs voisins de la Frairie de Penhoët, ils choisirent pour patron S. Martin d'Armorique, l'ami de S. Walay. Ils montrèrent ainsi une fois de plus combien le lien qui unissait ces deux saints était indissoluble, même dans l'esprit de nos populations bretonnes.

A l'exemple de son pieux ami, S. Martin mena dans la solitude la vie la plus austère. Son seul bonheur ici-bas, lorsqu'il avait passé de longues heures à méditer et à prier, était, dit la tradition, de se promener dans la campagne de Plœrmellac et sur les bords de la rivière d'Aulne, afin d'y rencontrer de petits enfants auxquels il apprenait avec joie à célébrer les louanges du Seigneur. Il mourut en paix, dans la solitude, au commencement du VIᵉ siècle, et le renom de sa sainteté se répandit bientôt dans une grande partie de la Bretagne.

On le représente ordinairement en moine vêtu de bure, à longue barbe grise, ceint d'un cilice, tenant un bâton à la main, un livre sous le bras gauche et instruisant un petit enfant.

PRIÈRE.

Vous avez dit, ô mon Dieu, que rien n'est doux comme d'habiter fraternellement en un seul. Le plus grand amour que les hommes puissent avoir entre eux a été assimilé par tous les peuples à l'affection fraternelle. Faites donc, ô mon Sauveur, que nous ne perdions jamais l'esprit de foi et de charité sans bornes, qui doit toujours animer de vrais frairiens vis-à-vis les uns des autres. Veuillez nous réunir dans le ciel à ceux de nos consorts que vous séparez de nous sur la terre, et nous faire partager avec eux votre béatitude céleste. Nous vous le demandons, Seigneur, au nom de la Vierge Marie Immaculée, de tous les élus, et en particulier de S. Walay et de S. Martin d'Armorique qui vécurent comme des frères et s'aimèrent toujours tendrement. Amen.

Frairie du Pouldu.

CIRCONSCRIPTION FRAIRIENNE.

Le Dreneuc.	La Pommeraye.
Les Haies-des-Bois.	Le Bois-Alain.
Ronde-Bruère.	Le Moulin de Tesdan.
Le Bodôl.	Bas-Tesdan.
Donreix.	Haut-Tesdan.
Le Domaine-Davy.	Le Pont-Fourché.
Pouldu.	Ermeix.
La Rue-d'Aval.	

Patron : *S. Davy, archevêque.*

FÊTE : 10 JUILLET.

Le patron de la Frairie du Pouldu était autrefois S. Davy ou Divy dont le souvenir s'y est conservé jusqu'à nous, dans l'appellation du village du *Domaine-Davy*, où se trouvait jadis la chapelle frairienne.

S. Davy était fils de Xanthus, prince de Céréthique, et de Ste Nonne. Né vers la fin du Ve siècle, il reçut de ses parents une éducation très chrétienne et fut de bonne heure ordonné prêtre. Il se retira alors dans l'île de Wight, où il vécut quelque temps sous la direction de S. Paulin qui le regarda toujours comme l'un de ses plus chers disciples, Dieu lui ayant accordé le don des miracles en récompense de sa sainteté et de ses vertus, il eut le bonheur de rendre la vie à son maître S. Paulin, à la suite d'une longue maladie, à laquelle celui-ci avait succombé. Vers cette époque, il quitta la solitude, bâtit une chapelle à Gastembury et fonda successivement 12 monastères aux environs. Le plus célèbre d'entre eux fut celui de Menévie, situé dans la vallée de Ross, où il mena lui-même longtemps une vie des plus austères. En 517, il assista au synode de Riovy, dans le Cardiganshire, en

Angleterre, et y parla avec éclat contre les erreurs de l'hérétique Pélage. S. Dubrice, archevêque de Caërléon, qui y assistait aussi, en profita alors pour lui résigner sa charge, qu'il voulut d'abord refuser. Mais les pères du concile le contraignirent à l'accepter. Il obtint cependant bientôt d'être transféré du siège de Caërléon à celui de Ménévie qu'il avait fondé et qui est devenu de nos jours le noyau de la ville de S. Davy, en Angleterre. Sa réputation augmenta alors de jour en jour; en peu de temps, il devint le modèle des pasteurs de son siècle. Grand orateur, il fut regardé comme l'une des plus brillantes lumières du pays de Galles. — Après un long épiscopat, il mourut en l'an 544. — On rapporte que dans la nuit de sa mort, S. Kentigern, son ami, vit des anges qui portaient son âme au ciel. Son corps fut enterré dans l'église de Saint-André-de-Ménévie qui a pris, depuis, le nom de Saint-Davy ainsi que la ville et le diocèse de Ménévie. Auprès de son église, furent élevées plusieurs chapelles dont l'une, dédiée à sa mère Ste Nonne, et l'autre à S. Lily, son plus cher disciple. — En 963, sés reliques furent solennellement transportées à Gastembury, avec une partie de celles de S. Étienne, premier martyr.

S. Davy est patron du pays de Galles, en

Angleterre, des paroisses de Pouldavy, Dirinon, Goudelin, Plonéour-Menez, Tonquédec en Basse-Bretagne, et de nombreuses chapelles.

Il est invoqué surtout pour la guérison des maladies des enfants et dans les tentations contre la foi.

On le représente ordinairement en robe longue de religieux, la tête à moitié recouverte du capuce ; sur cette robe, une étole retenue seulement par un cordon ; de la main gauche il tient un calice, de la droite il élève une hostie.

PRIÈRE.

O mon divin Jésus, par les mérites et l'intercession du bienheureux S. Davy, défendez-moi en ce jour de tout mal, de tout vice et de tout péché mortel. Sur toutes choses, ne me retirez pas votre sainte grâce, afin que gardant vos divins commandements, je puisse demeurer près de vous au ciel, dans l'éternité. Ainsi soit-il.

Frairie de Botmelas.

CIRCONSCRIPTION FRAIRIENNE.

Le Pont-de-l'Eau.
Le Bignon.
Le Bilais.
Nerac.
Le Noyer.
Le Feillac.
Le Hayac.

Botmelas.
La cour de Botmelas.
Les Quatre-Routes.
Rublard.
Combras.
La Hyronnerie.
La Châteigneraie.

Patron : *S. Meréal* ou *Meloir*.

FÊTE : 4 OCTOBRE.

Le nom même de la Frairie de Botmelas qui, en breton, signifie : *la butte ou le tertre de Saint-Melas ou Meloir*, y conserve le souvenir de son patron.

S. Meloir était fils de S. Milliau, prince de Cornouaille, et vivait au VIIIe siècle. Rivod, son oncle, ayant assassiné son père, voulut le faire mourir aussi, mais ses soldats, touchés de l'innocence de Meloir, intercédèrent pour lui et lui sauvèrent la vie, non sans l'avoir vu toutefois mutilé par le barbare Rivod qui lui fit couper la main droite et le pied gauche. L'Evêque de Quimper le conduisit alors dans un monastère où il se fit remarquer entre tous par ses vertus et surtout sa douceur et son humilité. Mais au bout de sept ans, l'évêque de Quimper l'ayant placé chez l'un des principaux seigneurs du pays, l'infâme Rivod, effrayé de la grande réputation de S. Meloir, le poursuivit encore de sa haine et essaya de persuader au seigneur chez qui il résidait, de le massacrer. Celui-ci ayant consulté sa femme, promit d'exécuter ce crime. Mais sa femme, prise de remords, s'enfuit avec lui pendant la nuit chez le prince Comorhe qui se déclara son protecteur. Cependant son mari réussit à la rejoindre, à force d'hypocrisies, la fit changer d'avis et égorgea, pendant son sommeil, S. Meloir dont il porta la tête au tyran Rivod. Dieu les punit bientôt, car, quelques jours après, Rivod mourait avec l'assassin de Meloir. C'est la paroisse de Lanmeur, de l'ancien diocèse de Léon, qui se glorifie d'avoir été le lieu de sa sépulture. Quoi qu'il en soit, S. Meréal ou Meloir a toujours été regardé comme l'un des principaux martyrs de l'Armorique. — Invoqué souvent pour la guérison de la fièvre, il est patron de Fégréac, de Lanmeur, de Loc-Melar, de Tremeloir et de nombreuses chapelles en Bretagne.

On le représente d'ordinaire en riche costume princier, tenant à la main droite une autre main coupée et écartant de la main gauche son manteau royal pour montrer son pied gauche coupé.

PRIÈRE.

O mon Sauveur Jésus, dans nos angoisses et nos tribulations, nous jetons vers vous un long cri d'espérance. Comme autrefois S. Meloir, au milieu de nos souffrances, nous regardons la croix. En souvenir des mérites de ce saint martyr, daignez donc souvent, nous vous en prions, faire jaillir de vos plaies sacrées, sur vos pauvres serviteurs, une abondante rosée d'espérance et d'amour afin que, régénérés sans cesse, nous ayons la force de parvenir à votre ciel. Amen.

Frairie de Botrulé.

CIRCONSCRIPTION FRAIRIENNE.

La Salente.

Le Parc-d'Ahaut.

Le Parc-d'Abas.

Treignac.

La Champagne.

L'Espérance.

Le Mortier.

La Bourgogne.

La Courtaiserie.

L'Orgeraie.

La Jossetais.

La Chesnais.

La Melinais.

Botrulé.

Trelican.

La Jouaron.

Le Pavillon.

Patron : *S. Ruelin*, évêque de Tréguier.

FÊTE : 28 FÉVRIER.

La Frairie de Botrulé, souvent citée dans les Actes du XIVe siècle concernant la paroisse d'Avessac, aux archives du Pordor, avait autrefois pour patron S. Ruelin, évêque de Tréguier, au VIe siècle. On lit dans les Actes de S. Tugdual, que quelque temps avant sa mort, ses disciples lui ayant demandé de désigner lui-même son successeur, le saint prélat choisit pour le remplacer S. Ruelin, personnage vénérable par son âge et aussi recommandable par sa science et la régularité de ses mœurs que par sa charité et sa douceur. Cependant, après sa mort, l'archidiacre Pergat commença à tramer mille intrigues pour empêcher S. Ruelin d'arriver à la dignité épiscopale. Mais S. Tugdual ayant apparu au milieu de l'assemblée réunie pour les élections, vint condamner lui-même l'ambition et les manœuvres de Pergat. Tout le clergé voyant alors que Dieu désignait manifestement S. Ruelin, le choisit pour évêque, et ayant reçu la consécration épiscopale, il gouverna dès lors le diocèse de Tréguier avec sagesse, pendant plusieurs années.

On le représente d'ordinaire en évêque crossé, mitré et bénissant.

PRIÈRE.

Divin Seigneur Jésus, source de toute science et lumière des cœurs, par les mérites et l'intercession du bienheureux S. Ruelin, faites-moi toujours comprendre les saintes vérités de votre loi, pénétrez mon âme d'une foi ardente et d'une charité profonde, daignez agréer toutes mes peines et tous mes labeurs, et faites que mon travail n'ait jamais que le triple résultat d'augmenter votre gloire, d'être utile à mon prochain et de servir à mon salut, Amen.

EPILOGUE.

Nous venons de résumer en quelques pages l'histoire des Frairies de la noble et antique paroisse d'Avessac ; après ce travail que nous considérions comme un devoir de piété filiale, il ne nous reste plus qu'à faire connaître les anciennes armoiries de la paroisse que nous ont permis de reconstituer nos recherches incessantes dans le domaine des archives comme dans celui de la tradition. D'après de vieux souvenirs, Avessac aurait porté jadis : *D'azur à la croix d'argent rayonnante d'or, chargée en pointe d'une ancre et d'un rameau de chêne, le tout d'or.* — Avec cette fière devise : *En Dieu ma force et mon espoir.*

Or, depuis dix siècles, elle est restée immuable, et malgré tous les orages elle n'y a pas failli. Sa foi en Dieu est restée la même, son espérance en

lui est demeurée invincible, c'est en ces vertus
qu'elle ose trouver encore sa force d'aujourd'hui.
Mais les liens si doux de la charité frairienne
vinrent augmenter jadis cette vitalité si puissante et lui apporter alors une nouvelle vigueur.
Puisse donc, de nos jours encore, la restauration
de cette institution si chrétienne nous procurer
à tous un regain de foi, d'espérance et d'amour,
et conduire désormais notre pays si cher vers
les destinées que la Providence lui a de tout
temps réservées.

Nantes. — Imp. Vincent Forest et Émile Grimaud, place du Commerce, 4.